97
LOS VERSOS DE CORDELIA

IV Premio Nacional de Poesía Ciudad de Lucena
Lara Cantizani

Un jurado presidido por Luis Alberto de Cuenca y Prado, e integrado por Antonio Cruz Casado, M.ª Teresa Ferrer García y Jacob Lorenzo Sánchez como Comisario del Premio y representante del prejurado, en presencia del concejal de Cultura del Ayuntamiento de Lucena, Francisco Jesús Barbancho Espada, y con Julio Flores Hidalgo como secretario, otorgó por unanimidad al libro *No estar complica el irse*, de Luis Felipe Comendador, el
IV Premio Nacional de Poesía
Ciudad de Lucena
Lara Cantizani.

No Estar
Complica el Irse

Primera edición en LOS VERSOS DE CORDELIA, febrero de 2025

Edita: Reino de Cordelia
www.reinodecordelia.es
 @reinodecordelia facebook.com/reinodecordelia
 www.youtube.com/c/ReinodeCordelia01

Derechos exclusivos de esta edición en lengua española
© Reino de Cordelia, S.L.
C/Agustín de Betancourt, 25 -6º pta. 13
28003 Madrid

El papel utilizado para la impresión de este libro, fabricado a partir de madera procedente de bosques y plantaciones sostenibles, es cien por cien libre de cloro y está calificado como papel reciclable

Cubierta: Detalle de *Reunión de 35 cabezas de expresión* (hacia 1825), de la serie dedicada a las «expresiones ridículas», de Louis Léopold Boilly

Este Premio de Poesía ha sido convocado y organizado por la Concejalía de Cultura del Ayuntamiento de Lucena

IBIC: DCF | Thema: DCF
ISBN: 978-84-128818-6-8
Depósito legal: M-1789-2025

Diseño y maquetación: Jesús Egido
Corrección de pruebas: María Robledano

Imprime: Técnica Digital Press
Impreso en la Unión Europea
Printed in E. U.
Encuadernación: Felipe Méndez

No Estar
Complica el Irse

Luis Felipe Comendador

Índice

Pere Gimferrer se confiesa
con el agente provocador en Barcelona

Soy cuerpo,
eso lo tengo claro,
cuerpo que algunos días se desmadeja
y que otros florece
entre la fauna humana que se embosca.

Solo sé que soy cuerpo
y nada más:
un esqueleto armando la estatura,
unas vísceras blandas
que se asemejan mucho a las expuestas en las casquerías,
varios metros de piel algo gastada
y un sombrero de cabellos sedosos y caedizos.

También sé que hay un algo entre las cejas,
muy adentro,
que me hace ser posible de otra forma,
un algo espiritual que no comprendo
y que me hace trotar en mundos raros.

¿Eso también es cuerpo?, me pregunto...
Y no sé.

También tengo muy claro que doy vida
[la expresión es del todo relativa]
y destruyo con todos mis sentidos,
que los uso sin más cuando no siento
su trámite en el margen racional
y me cuesta domarlos
cuando la razón toma las riendas y sus usos.

Soy cuerpo,
estoy seguro.
Cuerpo que se levanta y cae,
que se arrastra y se dobla por las piernas
o se tuerce en la bisagra de la cintura,

cuerpo que busca el peso de otro cuerpo
y a veces lo rehúsa como una ortografía,
cuerpo ardido en miasmas
y el chop-chop de una química de dioses,
cuerpo rendido a última hora,
cuerpo mancillado por mí mismo,
cuerpo entero
y lanzado a no sé dónde.

Antonio Martínez Sarrión decide pasarse de los Novísimos a los Viejísimos en un bar de Albacete

Estos laxos tendones
que tiran de mí como poleas,
estas manos que llevan
tentación de sexos mojados en sus palmas
y dibujos imposibles en sus dedos,
estos ojos que han visto
y quisieran ver más de lo posible,
esta lengua que busca
el alimento en una saliva incierta y femenina,
este vientre cayendo
con su náusea
al centro inaccesible del ombligo,
estas piernas ya viejas
que son como panteras,

este collar de huesos
que resume la espalda y sus posturas,
este blando bastón
que se ilumina al pensar en tu risa...

Buscan simples respuestas a la muerte.

Ana Rossetti me turba mientras escribe *Indicios vehementes*

ME TURBAN tus palabras como me turbas tú...
Y quisiera alcanzarte en el bostezo
con los alfileres de la lengua
cuando te ves rendida,
y verte vacilar con ese estrépito callado de los árboles
en los días de viento.
Triunfar en ti sin que sea superfluo el laurel de tenerte
y que en el sotobosque de tus piernas crezca un murmullo a fiebre
y una bruma de sangre bombeada.

Oigo las voces ágiles de los que no te piensan
y sonrío por su absurda inconsciencia
de acequia dirigida a no se sabe dónde.
Su murmullo me anima a ser regato o río

desde el silencio inmóvil de verte junco
o pájaro bebiéndome.

Me turba que no existas
sino en este rocío de pensarte,
que seas en la siesta
en la que me fermento,
que estés donde no hay nada,
que te esponjes entre la hoguera de mis canas
cuando duermo despierto.

Te hice ya hace años con olor a cocina
en esta frente mía donde el verdín florece,
te hice a gajos,
nublada,
como el perfil del monte que enmarca mis otoños;
te hice llena de signos en tu criptografía
y te puse en los ojos todo lo no mirado.

Me turba que aún seas el descampado
donde poder sembrar,
que no estés hecha.

Cortázar lee a Sarduy y le gusta

SENTIR LA TENSIÓN de que hay alguien,
olerlo,
saber que su pelo tiene tacto
como «la nieve bajo el antílope»
[releer a Sarduy me hace citarlo],
que sus manos gestan un abecedario
y con él se saturan de palabras,
que hay una luz débil
y lleva prendas íntimas
o una evidencia de cigarros.

Sentir esa tensión
y olerla,
olerla,

olerla,
y saberla de aristas
y de puentes curvados...
Y sentirla como la lana fina en el cuello,
negra y densa.

A veces es preciso aferrarse a esa tensión
para no claudicar,
saber que hay otro
al que puedes anclarte
como los mytilus a las rocas.

Yesenin recuerda a
Isadora Duncan mientras bebe

Tus ROJAS amanitas me envenenan los ojos
de una sed de horizonte
inexpresable..., y aprendo que soy manos,
galope en las muñecas y en el pecho,
sabor a sed inmensa en el ábside neto de la boca,
distancia inabarcable
a un justito centímetro de ti,
voz de charco con lluvia,
ganas en el desnudo,
germen para la mezcla que jamás ha de ser...
Y siesta,
y nubes,
y unos perros ladrando en las afueras,
allí,

donde los árboles son solo esqueletos de árboles
y la Luna sazona los caminos antiguos de la gente,
donde sé que jamás estaré seguro,
pero donde quiero estar.

Y tú eres de racimos,
de apetito total y concentrado,
de puro yogur griego,
de esa yesca voraz que se hace llama
y quema cada insomnio con usura...

Germinas en mi insomnio,
como venida de la fiesta de mi último sueño,
y siento que soy peso
y esta costra de piel que me contiene,
y que hay como relámpagos por dentro
que me impelen a hacer los movimientos que a ti tanto te gustan...
Y entonces quisiera hablarte con palabras largas,
largaaaaassss...
Y tenerte en las sábanas tendida, con los pies fríos,
buscándome en tus brazos de pura enredadera...

Y no me importa nada que no seas tú mirándome
(incluidas rodillas y caderas)
y que de pronto pidas que te pinte los labios
con el *rouge* que no me gusta
o que te haga en un baño de señoras
lo que te haría mejor en el jergón de casa...
Y si te gustan los volcanes,
pues te llevo hasta la misma lava roja...
Y aprenderé tu idioma
para no molestarte con el mío...
Y me pondré la ropa que tú decidas siempre...
Y atusaré mi barba hasta el punto exactito en que no la llevaría jamás...
Y dormiré a tu lado hasta que tú despiertes...

Oliverio Girondo hace el amor con Norah Lang sobre una mesita de la confitería Richmond

DESLÍBRAME, insensata liebre lúbrica,
indígena del índigo y la melba,
doblada Melibea bilunática
que liba el bulbo atávico
y sus líquidos.

Deslábrame las ingles con la lengua
y clávame una uña en la clavícula,
asesina dulcísima y selvática.

¿No ves que estoy políglota en los ojos?,
¿no notas que estoy lívido y daltónico

de ver tu carne cálida y eléctrica?,
¿no sientes cómo abulta el bulto céltico
en su nido de vello?

Desclávame de ti, mi clave cónica.

Paul Verlain le explica
a Baudelaire cómo debe ser una
mujer que le entienda bien

Y EN LA ALFOMBRA del campo hacer el engrudo
y buscar el contrapeso,
descalzarme
y tomar mis pies entre las manos
para sentirlos inembargables,
y lanzar el *boomerang* del grito
para que el eco administre y yo especule.

Una mujer tendida sobre este otoño
debe ser gloria pura,
una mujer dejada de sí
sobre el manto de hojas

siendo la verdad y el pleonasmo,
indiferente a los ojos,
alzada como un panal sobre el mullido,
muro de incontinencia y suelo mismo.

Una mujer sin techo sobre sus senos,
pura y blanda,
ofreciéndose con mechones y muslos
a las tres abubillas de los plátanos
con su cuello de oca,
una mujer como sin huesos,
pero con hijos escondidos
hechos de balbuceos en sus entrañas rojas.

Serena mirará cómo se gesta
el cambio más cromático
de este otoño de lenguas,
verá que se refugian las hormigas
bajo su sombra explícita,
buscando en el calor el almanaque
de primaveras próximas.

Trillar a esa mujer es rol de dioses,
porque acabará en humus
y habrá de ser subsuelo
bajo el suelo...

Juan Gelman se otravezca
y luego desmuere un rato

Corra como un sudor leproso
y desguarde sin más la lépora del labio...

Dilátese y se estreche la glotis
y se resaque en trago...

Sepúltese en la ciénaga del cuerpo
donde el calor voluta...
Y luego, en otraveces, repítase hasta el sacio...

Se me va la cabeza de este calor...
Y me bebo las *cokes* sin espacio,
y me saco las chanclas,
y piso el suelo gálibo
buscando el frío lúbrico

del baldosín balsámico,
y siento como un tálamo la curva del tobillo,
y hasta me siento sádico
pensando en agua helada
resbalando en lo pálido...
Primero en la cabeza,
donde el cabello lacio;
después del cuello al vientre
con convulsivo pánico;
luego el miembro y los muslos,
deshilados calvarios...
Las rodillas,
las corvas,
las canillas de osario
y mis pies indescalzos...

Y borrar las ventanas
(para borrar los rayos que las penetran sátiros),
y apisonarme al suelo para sentirlo álgido...
Y no pensar en carne macerando un descanso,
ni en fluidos golosos,
ni en aboyados besos,

ni en vaginas abiertas para lo desatado,
ni en nalgas amasando
desde el vientre hasta el carnero atávico,
ni en miradas siquiera...
Que dan calor mirado.

Me otravezco en las *cokes*
pensando a cada trago
en sandías abiertas como piernas de Erato...
Y me otravezco tanto...
Que me duele la tripa con borbotones gástricos,
y sudo más que antes...
Y me desmuero un rato.

César Vallejo habla de la musa con Blanca Varela mientras se bebe una Inkacola

LA MUSA es nocturna,
como una lechuza vieja y canalla,
igual que un crimen
o el muslo de una diosa en el mármol pulido.

Dicen que aprendió a llagar en las cabezas de los hombres
bajo el techo de un prostíbulo de amapolas y cíngulos,
y que se fue de allí
para enclaustrarse no se sabe dónde.

Algunas noches viene a verme sin avisar,
penetrando en mi cabeza como las aves que migran,
y lleva trenzas de matrona suiza
enmarcando su tez de arena...

Otras noches se me aparece de pronto
como un luto hecho de aguamarina,
y me muestra su esqueleto fluvial
mientras introduzco mis manos entre su blusa
para lavarme un poco
[esos días tiene cadencia de médula
y me presta sus mimbres para hacerme una silla]...

En otras ocasiones se me aparece como el caramelo
caliente, peligrosa y casi adolescente,
y me muestra sus caderas enormes
y hasta me invita a entrar en ellas
con un gesto de sus manos finísimas
[yo entro]...

Pocas veces llega como una lejanía y solo es aliento
[ánimo/ánima],
y esos días parece que soy yo quien pergeña los
textos y los trazos más inspirados
[ya aprendí hace tiempo que no es así],
que soy tan poderoso como un remanso
y tan efímero como un viento en verano...

Casi nunca trae pupilas,
pues utiliza las mías para verme
y hacerme ver por ellas...

Y nunca se despide
porque es tábano en su parte masculina,
porque es mis venas si no se trae sus branquias,
porque sabe el secreto
y se atreve a guardarlo
hasta que yo decida violarlo en los helechos de su pubis.

La conozco de siempre,
como al Cristo de las puertas
que muestra el corazón entre las manos,
como a la cruz que conforman las tijeras abiertas,
como al agua manando de una fuente,
como a las euphorbias
y al falso anís que crece en el pie de los muros,
como al pan caliente
y al olor a tabaco.

Hoy ha venido a verme
y me ha sembrado líquenes en la pierna derecha...

«Camina siempre al Norte —me dijo—,
porque, si no,
no prosperarán nunca».

Octavio Paz se emociona
ante el abrazo de un niño

JAMÁS CREÍ que fuera tanto…,
y sin embargo temo
que me pidan el mar
o que no sepa desprenderme de estar vivo.

Jamás creí que de esta nada
con esqueleto y piel,
con corvas y rodillas remendadas,
naciera el deletreo
de la palabra «manos»
para hacer los abismos habitables.

Jamás pude imaginar sentirme dado
como ahora me siento,

y agarro con mis manos
el verbo «merecer»
y aprendo la costumbre de ser sombra
sin un cuerpo presente
que proyecte el ayer o una sonrisa.

La distancia es un claro necesario
en el bosque de mí
cuando el viento no amaina…
La distancia es la sed
que hace preciso el rapto.

Jamás creí que fuera tanto…

Ernesto Cardenal piensa
en el papa Francisco

HAY SEÑALES que alumbran un disparo,
gestos de pita para domar un cuello,
canallas de redoma dispuestos al ajuste,
cien cuchillos mellados
que en su óxido contienen la gangrena,
un sicario de números jugando a ser Damocles,
alguna sumisión
y unas panteras dispuestas a atacar al oír el silbido...

Hay señales que despiertan el miedo cada mañana,
cuando abro los ojos...
Las miro anonadado
y decido no verlas
por si el minuto próximo fuera el de la salvación...

Pero noto aquí adentro su empuje de monedas,
veo en la claraboya de los ojos su cernirse de deudas,
me espanto sin gritar,
sin hacer gestos,
sin moverme siquiera de este lugar absurdo
donde caerán las bombas...

Hay señales como pájaros negros
que me dicen, sibilas,
que el tiempo va en mi contra...
Hago que no las veo,
intento obviarlas siempre,
pero sé que me indican la espiral a lo negro...

También hay hombres trágicos
que llevan las señales en sus nucas...
Y otra clase de hombres,
que apenas pertenecen a este mundo,
que saben que el dinero no es la suerte
de los hombres lanzados a la nada.

Si un día de estos no estoy,
o no puedo,
o no contesto,
o no saludo acaso...
Es que todos los signos se fraguaron
en hechos ponderados y en heridas...

No penséis que me afecta en lo sensible
esta forma arbitraria de ser nada
entre todas las cosas de los hombres
que alientan el consumo...

Me hundiré como ser social,
estaré destruido
como elemento productivo
de esa gleba a la que rindo cada euro,
seré un cero a la izquierda de la izquierda
al ver de los cajeros automáticos,
quizás no tenga ya para tabaco
ni para la tortilla de los lunes...,
pero mi mente,
alegre,

siempre alegre...
Vigilante,
dispuesta,
combativa...
Alzará aún más su vuelo
y será entonces
cuando pueda decir con voz serena
cada nombre vulgar
y su adjetivo,
cada pérfido gesto de los zafios,
cada humillada cesión de los vencidos...
No habré muerto, lo sé,
pues seré vida en palabras que maten,
lo presiento.

Hay señales que alumbran nuevas voces
que han de teñir de rojo las camisas de hilo
de quien medra.

Nadie podrá evitarlo.
Tiempo al tiempo.

Pessoa habla con Ofelia Queiroz

Aves de paso,
mis manos en tu vientre
se vuelven fado.

Manolo Lara habla por teléfono con Luis Alberto de Cuenca desde el Parnaso

CADA principio
tiene su final cierto:
siempre es un muerto.

Gabriela Mistral le hace una confidencia a Lucila Godoy

MÍRAME y siente
cómo estos ojos tigres
se vuelven dientes.

Pavese con la soga en su mano

Cuánta tristeza...
Saber que en otros brazos
te desperezas.

Gabriel Ferrater
se empeña en perecer

Busco EL DESAHOGO de la discrepancia,
la batalla hueca de la suficiencia,
la precavida virtud de la edad,
el usufructo de mis hipotecas,
la arbitrariedad de equivocarme,
lo turbio de la intimidad,
el desarme entre las piernas
[entre unas piernas],
el gobierno de mí mismo,
el poder de la radicalidad,
el concilio de los contrastes,
la expansión de seguir esperando,
la desmemoria que da el elegir,
el aliento de lo complementario,
un nuevo modo de definir mi ombligo,

una vanguardia a la que escupir,
cierto compromiso con la realidad,
un poema que no sea mimético,
la persuasión de lo urbano,
una buena anestesia contra este dolor,
matar a un crítico
[de hambre],
una certidumbre equívoca,
el honor de ser nadie,
la posibilidad de demora cuando yo lo diga,
un abrazo lacónico,
cierto exotismo cultural,
un fauvismo de letras,
la mano que dibuja,
un estremecimiento sin causa,
alguna ambivalencia en mi mirada,
domesticar a un hombre
[también a una mujer],
degradarme deprisa,
ser víctima un instante,
aprender a prometer totalidad,
abrazar a una musa,

un lago de pezones,
ruborizarme un poco,
seducir,
consumar,
asfixiar,
entrever,
sobrepasar,
herir,
añorar,
entender,
asimilar,
sumar,
restarme...

Perecer.

Catulo escribe a Lesbia

INCRUSTA lo que muerde
y usa el verbo chupar como una entrega,
detente en las costuras de la blusa
y presiente al arcángel brotando
y entregándose
desde ese diccionario de la piel,
apresa lo que sea capaz de dislocarse,
demúdate...

Las sillas que entumecen
guardan tu persuasión
y todo es inestable porque hay vida.

En lo espeso se encharcan los fluidos
como meandros cerrados.

No conozco un sepulcro mejor
que el que tu cuerpo esconde.

Joan Margarit anota pensamientos en una servilleta

No mueras contra tu voluntad,
ni vivas cualquier necesidad
como una estética...
porque serás fracaso.

Lo que vas a pensar
ya está vencido
y tu más terrible enfermedad
es el consentimiento.

Formula un desafío
y déjalo morir,
porque la inspiración nace
de la vanidad
y va hacia ella.

David González charla con Ginsberg en el café Paraíso

¡OH GINSBERG!, tu ciudad y su río, tus nalgas blancas siempre dispuestas al sexo de algún maloliente muchacho que te metiera su mejor poema hasta los riñones... Las muchachas tendidas con camisones blancos y el cadáver de la mujer decente con piel de cartulina, los ojos desafiantes del egipcio, la moldura de un cuerpo por hacer con la boca y el único poema, el verdadero...

¡Oh, Ginsberg!, el alcohol a las once entre los espantapájaros y una luna fulana, el sexo recién masturbado y esa cosa gutural que lo acompaña, el mantel de cuadros rojos con la comida puesta, la camiseta blanca mojada por la lluvia y unos pezones negros marcados como arañas...

¡Oh, Ginsberg!, el cepillo de dientes en el vaso, el betún incoloro en su cajita, el pedestal donde serás un bronce para los excrementos de las palomas, la pluma negra de punto grueso, el sostén usado con olor a lavanda, la pensión sórdida donde fuiste carne sobre carne, el pariente lejano que nunca volvió, el bacalao colgado en el ultramarinos como si fuera carne enferma...

¡Oh, Ginsberg!, la cama deshecha y esas tres colillas apagadas en el suelo, la lefa que tragaste y te hizo políglota, las perchas de madera en el armario y hacer el amor en el museo...

¡Oh, Ginsberg!, esa poesía norteamericana con olor a gallinas y a forúnculos, esa poesía deleznable que tanto adoro, esa sublimación del pus mismo que me impele y me arropa, que me hace sentir dramáticamente humano y acogido, que me deja encinta de un poema de esperma escurriendo por unos pechos caídos...

En el espacio de la poesía siempre se bebió cerveza caliente y se vomitó bilis.

Ángel González comprende que no estar complica el irse

No BUSCO YA certezas, pues me agoto
cuando un final me llega y tomo nota
de que en lo conseguido hay más derrota
que en lo que llevo puesto como ignoto.

Lo urgente necesario es la pregunta
que no deje respuesta a la primera
y se meta en el córtex, puñetera,
obligándome a ser bajo su yunta.

Un día sigue a otro y me valora
no rendirme a las cosas que aún ignoro,
enfrentarme al minuto y a su resto

buscándole un después a cada ahora
y saber que la muerte solo es coro
y su tranco es llevarme con lo puesto.

Octavio Paz habla con Blanca Varela en el café parisino La Palette

Busca mi olor,
que el rastro está caliente
y el aire te es propicio,
pues no cambia desde hace unas semanas su estiaje.

Busca mi olor en las cenizas recientes
que la llama voraz dejó hace un rato
sobre el tamiz que es borde de mis cosas.

Busca mi olor, su cénit,
su caída,
sus huesos destrazados,
su deseo,

su cúpula de piel,
su lamer suave,
su incontinencia hermosa que no cede.

Busca mi olor y, si lo encuentras,
sabrás de la flaqueza de lo tibio,
de la luz del fracaso,
del engaño en que muda quien seduce.

Si logras conservarlo en un frasquito
con hambre de matraz y quemadura,
tendrás para unos meses mi misterio
golpeando en sus paredes ovaladas...
Golpeando en tus tendones,
en tus yemas,
en tus uñas pintadas,
en tu vientre,
en tu azul esplendor,
en tu muñeca,
siendo pulso y umbral de lo que somos,
siendo furia,

rescate,
pasos,
huellas.

Jesús Hilario Tundidor habla solo en la portería del Zamora C.F.

POR QUÉ ARDO en la poesía
con la que está cayendo,
por qué vivo en ella
si todo son jaculatorias
y puñales de números,
decisiones absurdas
e inmediatas rupturas
sin poner en valor
lo que se ha sido
y lo que se ha hecho,
si todo es hacia un fin trágico
o como un fin trágico…
Por qué me empeño en la lectura,
por qué me empeño en el poema

si todo es prosaísmo,
«yo» continuo
y posesivo singular…
Por qué intento un verso si
a nadie le interesa
más que su absurda prima
de riesgo personal,
su casa con sus cosas,
su tener,
su apilar…

Por qué,
si ni siquiera un sentimiento íntimo,
verdaderamente íntimo
e íntimamente verdadero,
es borrado sin más
con un no monosílabo…

Aún tengo dudas
y eso me salva,
me impele a leer poemas viejos
y a garabatear palabras

como un ciego de lo que está pasando,
de lo que me está pasando,
de lo que nos está pasando.
Y así corren los días,
sin nadie que tome parte de mi riesgo
y lo comparta,
sin unos ojos capaces de aguantarme la mirada
y comprender,
solo comprender,
sin pedir otra cosa
que ese justo intercambio en las pupilas...

En fin...

Casi todos mis amigos verdaderos
son ahora silencio,
como yo,
un silencio trágico y hondo,
casi todas las personas
por las que siento algo
están enterradas en sí mismas,
pero no ensimismadas...

Todo sabe a desierto,
huele a desierto,
todo parece vestido de fracaso
y de esquina oscura
donde derramar alguna lágrima,
todo es este sinluz,
esta ventana a lo negro,
este «estás solo»
tan desabrigado...
Por eso
me agarro aún a la poesía...
No para entender,
sino para beberme este tiempo extraño
con la nariz tapada.

«Nada que no venga.
Nada que no se marche».

Aníbal Núñez mira asombrado a través del cristal de Lorena

CAPTÚRAME en tus ojos difíciles,
pantera de las sombras,
y muérdeme la glotis
con tus bellos caninos proletarios,
justo hasta que se acabe mi aire
y sepa que expirar es un orgasmo y vértigo.
Aguántame mordido sobre el lecho de hojas
y que mi sangre corra...

O mejor...
Captúrame en tus ojos difíciles
y déjame turbado,
neonato,
virgencita de todos los mercados de abastos,
anatomía dispuesta a los blup blup del émbolo,

al rugido del sexo,
a la seda de pieles resbalando,
y que diga me voy
me voy
me voy
y te llene
y todo sea charco...

O mejor...
Captúrame en tus ojos difíciles
y que me quede prendido por el tórax
como esos himenópteros mikado
en tus párpados turbios,
y que me encuentres
cálido cuando me quieras cálido,
prendido si me incendias
y frío desnatado cuando de mí te canses,
entomóloga bestia,
cerviz con altiplano,
reina en el sacrificio
que envuelve nuestro arcano,
glamurosa,

mi mantis religiosa,
mi gordita con manos,
mi gineta de noche,
mi sol,
mi estuche blando,
mi gárgola con pechos,
mi araña que arañando
me enerva sin medida,
mi todo buenomalo...

Y yo te busco humana
en tus pezones galgos,
humana en las axilas,
humana en los abrazos,
humana en esos muslos exentos de leotardos,
de medias,
pantalones,
de *fusós*,
de artefactos...
Humana sin medida
en cada gesto plástico

de cada rincón tuyo...
Hasta lo deshumano...

O mejor...
Captúrame en tus ojos difíciles
y que olvide los bancos,
las deudas en moneda,
los pequeños desfalcos,
las puñaladas torpes,
cada cuenta sin saldo,
las gabelas constantes,
los hirientes embargos,
los toma y trae,
los debes,
los debieras...

Hoy te busco pantera,
ocelote,
guepardo,
caracal,
lince,
puma...

Felina, en cualquier caso...

Aunque tan solo sea micifusa o gatita...

felina y no hago ascos...

Que sienta lo *troublant*
de tus ojos difíciles
igual que siente el náufrago,
el perro en las afueras,
el sin techo en un banco,
el macho de la mantis mordido,
atenazado,
devorado con ansia...
Que sienta tu astrolabio
posándose en mi labio,
que sienta que presionas
con tus manos mis manos,
que sienta cómo pesas,
que sienta tu estuario vaciándose en el mío,

que sienta...

Esta primera edición
en LOS VERSOS DE CORDELIA de
NO ESTAR COMPLICA EL IRSE
se acabó de imprimir
en el invierno de 2025

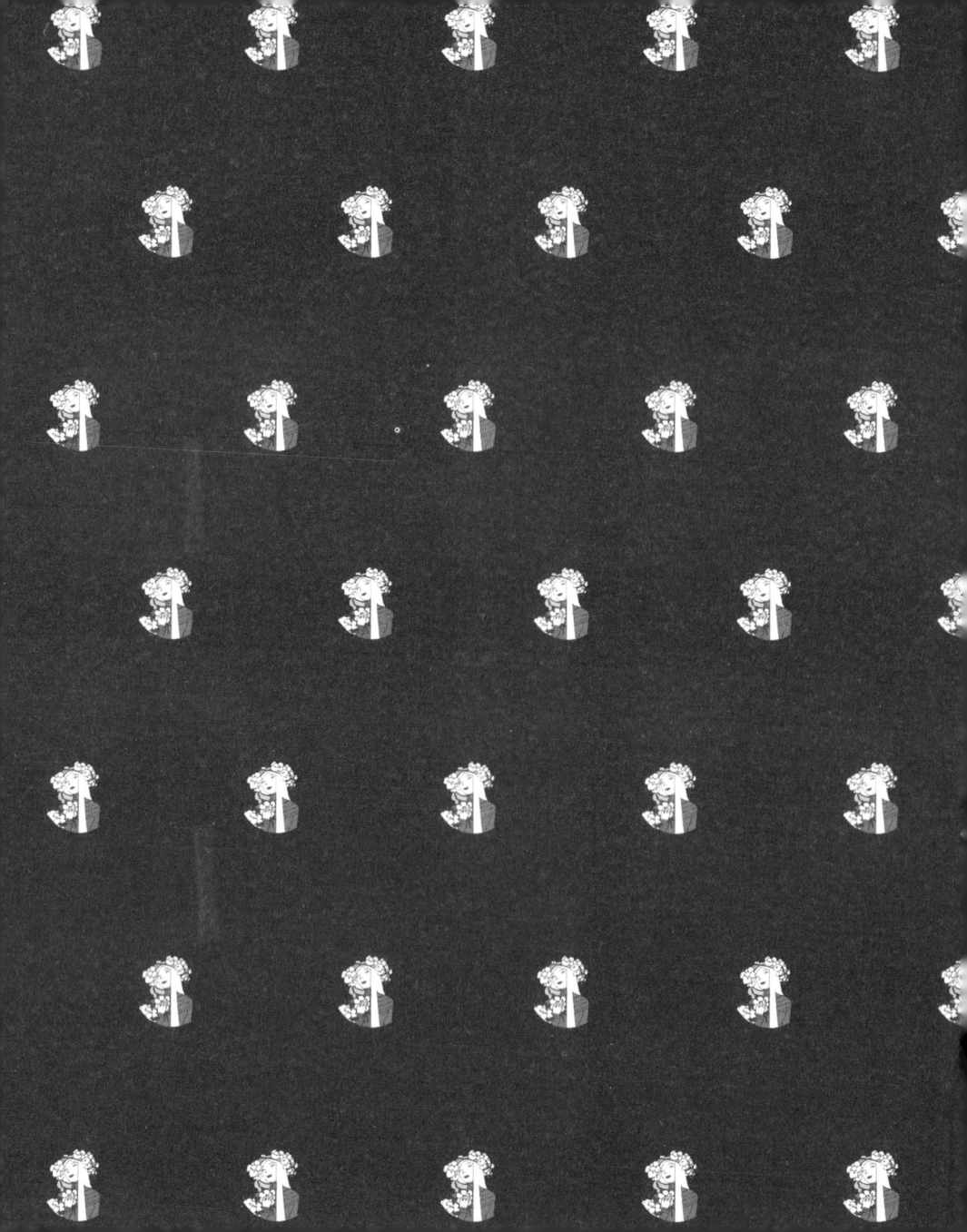